CHAMBRE DE COMMERCE
DE MARSEILLE

PROJET

DE

CODE DISCIPLINAIRE ET PÉNAL

DE LA MARINE MARCHANDE

RAPPORT

Présenté par M. Paul-Cyprien FABRE

MEMBRE DE LA CHAMBRE DE COMMERCE

Et adopté par cette Compagnie, dans sa séance du 23 mai 1923

MARSEILLE

TYPOGRAPHIE ET LITHOGRAPHIE BARLATIER

17-19, Rue Venture, 17-19

1923

CHAMBRE DE COMMERCE
DE MARSEILLE

PROJET

DE

CODE DISCIPLINAIRE ET PÉNAL

DE LA MARINE MARCHANDE

RAPPORT

Présenté par M. Paul-Cyprien FABRE

MEMBRE DE LA CHAMBRE DE COMMERCE

Et adopté par cette Compagnie, dans sa séance du 23 mai 1923

MARSEILLE

TYPOGRAPHIE ET LITHOGRAPHIE BARLATIER

17-19, Rue Venture, 17-19

1923

CHAMBRE DE COMMERCE DE MARSEILLE

EXTRAIT DU REGISTRE DES DÉLIBÉRATIONS

Séance du 23 mai 1923.

Tenue sous la présidence de M. HUBERT GIRAUD

ET A LAQUELLE ONT ASSISTÉ :

MM. Hubert Giraud, président ; Emile Rastoin et Adolphe Guérin, vice-président ; Edgard David, membre-secrétaire ; Louis Imbert, Adolphe Compasieu, Paul-Cyprien Fabre, Lucien Arnaud, Auguste Grawitz, Philippe Rieu, Emile Lévy, Alfred Aubert, Léon Bourdillon, Antoine Ged, Georges Brenier, Emile Roustan, Jean Marie Favre, Maurice Hubert, Victor Lombard, soit 19 membres sur 23 en exercice dont se compose la Chambre.

MM. Toussaint Merlat, Albert Pommé et Fernand Barbier, membres correspondants.

. . . .

M. Paul-Cyprien Fabre donne lecture du rapport suivant sur le *Projet de Code Disciplinaire et Pénal de la Marine Marchande :*

Messieurs,

Vous m'avez fait l'honneur de me demander d'examiner le nouveau projet de loi déposé par le Gouvernement le 30 décembre 1922 sur le Bureau de la Chambre des Députés portant « Code Disciplinaire et Pénal de la Marine Marchande ».

Ce nouveau texte a été élaboré par la Commission Paritaire réunie par le Sous-Secrétaire d'Etat de la Marine Marchande en 1922, pour mettre au point le projet de loi présenté par le Gouvernement en 1913 et que la guerre n'avait pas permis de faire aboutir.

On se souvient que ce projet avait fait l'objet d'une délibération de notre Chambre de Commerce du 16 décembre 1913 sur le rapport que j'avais eu l'honneur de lui présenter à cette époque.

Le texte actuel conserve, en majeure partie, les dispositions de l'ancien projet auquel il n'a été apporté qu'un petit nombre de modifications.

Il nous suffira d'examiner ces modifications pour nous rendre compte si elles répondent bien aux vœux adoptés par notre Chambre de Commerce en 1913.

Nous énumérons rapidement ces vœux en indiquant la suite qui leur a été donnée dans le projet actuel.

Premier Vœu. — Autorité du Capitaine

Nécessité de préciser à l'article 5 que le Capitaine a sur l'équipage l'autorité que comporte le « succès de l'expédition ».

Cet article 5 est devenu l'article 8 du projet actuel dont le nouveau texte précise que le Capitaine a également l'autorité que comporte la « bonne exécution de l'expédition entreprise ».

Deuxième Vœu. — Amende

Nécessité de rétablir pour les fautes graves contre la discipline la peine de l'amende que le projet Athalin avait supprimée.

Le nouvel article 15 revient à l'amende pour les fautes graves, dont le montant est de 20 à 200 francs pour les officiers et de 5 francs à 50 francs pour le maître et l'homme d'équipage.

Troisième Vœu. — Récidive

Nécessité de considérer les faits constitutifs de la récidive non seulement à bord du même navire, mais à bord de navires différents, c'est-à-dire au cours d'engagements maritimes différents.

Le nouveau projet n'a pas tenu compte de cette proposition et les articles 14, 15 et 62 continuent à stipuler que les règles de la récidive ne s'appliquent qu'au cours du même embarquement. Il y a lieu de signaler toutefois que la récidive n'entraine pas seulement l'application d'une peine plus sévère, mais qu'elle change la nature de la faute, d'où nécessité de restreindre l'application de la récidive à des cas bien déterminés. Il convient de signaler surtout que l'application de la récidive au cours d'engagements maritimes différents aurait nécessité la création d'un casier judiciaire maritime, ce qui paraît pratiquement irréalisable.

Quatrième Vœu. — Salaires du marin puni
d'emprisonnement disciplinaire

L'article 16 du nouveau texte stipule que « les personnes punies d'emprisonnement disciplinaire perdent leurs droits aux salaires pendant la durée de leur emprisonnement ».

Mais aucun texte du nouveau projet de loi ne réglemente la perte des salaires pendant la durée de la détention préventive que le Capitaine a le droit d'infliger en cas de nécessité aux personnes prévenues de crime ou de délit (article 28). C'est qu'en effet cette question est réglée par l'article 48, dernier alinéa, du projet de loi portant Code du Travail maritime. Cet alinéa est ainsi conçu :

« Le marin perd son salaire à partir du moment où il
« a été privé de sa liberté comme inculpé, en raison d'une
« infraction à la loi pénale ».

Il est un peu surprenant de voir qu'une disposition de

ce genre ne figure pas dans un projet de texte pénal, et figure, par contre, dans un Code de Travail maritime. Cela d'autant plus que la perte des salaires, considérée comme support des sanctions pénales, figure déjà dans le projet de Code disciplinaire et pénal pour l'emprisonnement disciplinaire et la peine préventive d'arrêts pour fautes graves. Il serait désirable de la faire figurer également pour la détention préventive.

Nous estimons, par contre, que c'est avec juste raison que l'article 38 de l'ancien texte a été complètement supprimé du nouveau projet, pour devenir les articles 48 et 49 du projet de loi portant Code de Travail maritime.

L'article 38 se référait à la perte des salaires du marin coupable d'absence irrégulière et à la rétention des salaires, dans le cas où le contrat d'engagement a été rompu par suite de congédiement du marin pour absence irrégulière.

Les articles 48 et 49 du projet de Code du Travail maritime donnent satisfaction à l'Armement.

Cinquième Vœu. — PROCÉDURE DEVANT L'ADMINISTRATEUR DE L'INSCRIPTION MARITIME.

L'article 17 de l'ancien projet portait une innovation, consistant dans la faculté laissée au délinquant de se faire assister d'un Conseil de son choix devant l'Administrateur de la Marine.

La juridiction de ce fonctionnaire ayant un caractère tout-à-fait particulier et sa décision ne constituant pas un jugement, mais une simple décision administrative d'un caractère spécial, il avait été proposé de supprimer l'intervention d'un Conseil ou Défenseur devant l'Administrateur de l'Inscription maritime. Le nouveau projet, dans son article 21, reproduit cette innovation, qui ne pourra qu'allonger la procédure à laquelle sont soumises les fautes graves contre la discipline, et affaiblir l'autorité des

Capitaines. Cette disposition ouvrira, en effet, la porte à
l'action des dirigeants des Syndicats, lesquels se feront
dans la pratique, presque toujours désigner pour remplir
l'office de défenseur.

Sixième Vœu. — MINISTÈRE PUBLIC

L'article 30 de l'ancien projet, tout en rétablissant la
procédure de droit commun pour les délits maritimes,
continuait à faire intervenir l'Administrateur de l'Inscription maritime comme ministère public devant le Tribunal
correctionnel. C'était tout à fait illogique, car, du moment
qu'on rejetait le principe d'une juridiction maritime spéciale
pour retourner au droit commun, il fallait mettre l'Administrateur de l'Inscription maritime en dehors de l'œuvre
de justice.

C'est ce que l'article 36 du nouveau projet vient de
faire, en stipulant que c'est au Procureur de la République
qu'il appartient de classer les crimes ou délits commis à
bord, et d'en poursuivre la répression.

L'article 36 fait toutefois une réserve: le Procureur de
la République ne pourra engager les poursuites que sur
l'avis conforme de l'Administrateur de l'Inscription maritime pour les délits purement maritimes, et qu'au vu des
conclusions de ce fonctionnaire pour les autres, ou à l'expi-
ration d'un mois après qu'il aura réclamé ces conclusions
par lettre recommandée.

Cette distinction nous parait compliquée et de nature à
entraver plutôt qu'à faciliter la répression des délits commis
à bord des navires, car ces délits étant presque toujours
purement maritimes, le Ministère Public ne pourra, dans la
majorité des cas, engager les poursuites que sur l'avis conforme de l'Administration.

Il serait à souhaiter que cette restriction disparaisse
du nouvel article 36.

Septième Vœu. — NÉCESSITÉ D'ABAISSER LE MINIMUM DE LA PEINE PRÉVUE POUR LE CAS D'ABSENCE PENDANT LE QUART.

Les sanctions de cet article étaient, en effet, trop élevées pour être jamais appliquées (trois mois à deux ans). L'article 39 du nouveau projet fixe la peine de six jours à six mois.

Huitième Vœu. — L'ABSENCE IRRÉGULIÈRE ET L'ABANDON DE POSTE

L'article 34 de l'ancien projet établissait une différence dans la nature de la faute suivant que l'absence avait lieu pendant ou hors de la période de travail par quart. Cette distinction a été remplacée par celle de l'absence soit dans un port métropolitain, soit hors d'un port métropolitain, mais le résultat est le même et, dans la plupart des cas, l'absence irrégulière ne constitue plus un délit.

Le nouveau projet ne considère l'absence irrégulière comme un délit que si elle a été commise soit dans un port métropolitain, lorsque le marin était affecté à un poste de garde ou de sécurité et que son absence était de nature à entraîner des conséquences dommageables, soit hors d'un port métropolitain lorsque l'inculpé était de service ou lorsque, n'étant pas de service, son absence a eu pour conséquence de l'empêcher de reprendre son service à bord.

Dans tous les autres cas, l'absence irrégulière ne constitue plus qu'une faute de discipline, faute légère ou faute grave, selon les distinctions établies par les articles 10 et 14 du nouveau texte.

Cette distinction, qui marque une atténuation importante des sanctions prévues par le décret actuel, a eu principalement pour but de prévoir des pénalités qu'on puisse appliquer en fait, car, à l'heure actuelle, les peines prév:ies par le décret de 1852 sont abandonnées. Nous estim:ns cependant que la peine prévue lorsque l'absence irréguli:re est un délit n'est pas excessive (six jours à six mois), et pourrait bien dispenser le législateur de formuler es distinctions qui ne peuvent que produire des conséquen: es déplorables.

Les sanctions prévues pour les fautes légères sont, en effet, insuffisantes pour réprimer l'absence irrégulière.

Neuvième Vœu. — REFUS D'OBÉISSANCE

Les mêmes considérations qui précèdent, touch:nt l'absence irrégulière, ont été retenues par la Commiss:on paritaire en ce qui concerne les délits de refus d'obéissaice ou de résistance à un ordre donné concernant le servi:e. Le refus d'obéissance ou la résistance à un ordre doi té concernant le service ne seront plus considérés com:ié délits que s'ils ont été commis en mer ou dans un p:rt autre qu'un port métropolitain.

Dans un port métropolitain, pour qu'il y ait délit il faut à la fois que l'ordre soit relatif à la garde ou à la sé|u-rité du navire et que sa non exécution soit de nature à entraîner des conséquences dommageables,

Dans tous les autres cas, le refus d'obéissance ne coi s-titue plus qu'une faute de discipline, légère ou grave, sel:n les distinctions établies par les articles 10 et 14. Lorsque le refus d'obéissance est un délit, il est puni, suivant le cas, :le six jours à trois mois de prison, ou de six jours à six mo s.

La désobéissance concertée de tout ou partie de l'éq:i-page n'est pas prévue. Il en est de même, d'ailleurs, :e l'absence irrégulière concertée. La Commission a estii é qu'il n'y avait pas lieu de prévoir une sanction spécia e pour une faute commise collectivement, du moment qu'il était possible de punir chaque marin individuellemeit.

Cette théorie est d'accord avec la législation actuelle, d'après laquelle la grève n'est plus un délit. Mais il est entendu que le marin n'a pas le droit de faire collectivement ce qu'il ne peut pas légitimement faire isolément.

Dixième Vœu. — Rôle d'Équipage

Il avait été enfin réclamé comme indispensable que les capitaines soient admis à signaler par lettre à l'Administration ou à l'Autorité compétente les mouvements d'équipage qu'il ne leur a pas été possible de porter au rôle avant le départ. L'activité de la navigation, les changements constants des hommes, les heures spéciales d'ouverture des bureaux de la marine, imposaient cette amélioration. Le nouveau texte n'en tient aucunement compte et l'article 72 continue à stipuler que « tout capitaine qui embarque ou débarque une personne de l'équipage sans faire mentionner cet embarquement ou ce débarquement sur le rôle d'équipage par l'Autorité maritime, est puni, pour chaque personne irrégulièrement embarquée ou débarquée, d'une amende de 50 à 300 francs. »

CONCLUSIONS

Telles sont, Messieurs, d'une part les modifications que notre Chambre de Commerce avait jugé tout-à-fait indispensable d'apporter au projet de 1913 pour maintenir la discipline à bord des navires français.

Telles sont, par ailleurs, les dispositions du projet actuel, d'où il est permis de conclure que certaines seulement des modifications suggérées en 1913 ont reçu satisfaction.

Nous croyons toutefois devoir rappeler quelques unes des modifications, déjà proposées en 1913, qui sont restées sans écho, et que nous estimerions nécessaires de voir apporter au nouveau texte.

1° Salaire du marin puni de détention préventive.

Il serait désirable que la disposition relative à la perte des salaires du marin puni de détention préventive qui figure dans le projet de Code du Travail maritime soit rappelée dans le projet de Code disciplinaire et pénal où elle trouverait sa place normale.

2° Procédure.

La simplification de la procédure à laquelle sont soumises les fautes graves contre la discipline est indispensable et devraient seuls y figurer l'Administrateur, le Capitaine et le marin coupable.

3° Ministère Public.

La modification de la procédure de l'article 38 s'impose. La décision de poursuivre ou de classer les délits doit appartenir dans tous les cas et sans aucune réserve au Ministère Public.

4° Absence irrégulière.

Nous persistons à penser que l'absence irrégulière, à quelque moment qu'elle se produise, aussi bien dans un port métropolitain que dans un autre port, reste un délit qui atteint et lèse l'intérêt général et qui, à ce titre, doit être réprimé pénalement. La peine prévue par l'article 39 (6 jours à 6 mois) permettra d'ailleurs de faire varier la sanction suivant la gravité de la faute.

5° *Mouvements d'Equipage.*

Il est nécessaire d'autoriser les Capitaines à signaler par lettre à l'Administration ou à l'Autorité compétente les mouvements d'équipage qu'il ne leur a pas été possible de porter au rôle avant le départ. L'activité de la navigation, les mouvements constants d'équipage, les heures spéciales d'ouverture des bureaux de la Marine imposent cette modification.

Ce serait une erreur de croire que le nouveau Code disciplinaire assurera dans la Marine marchande la discipline dont elle a besoin. Le manque d'ordre, l'absence de tenue, la négligence du personnel qui nuisent à la réputation des paquebots français rentrent dans la catégorie des fautes que les sanctions mises par le nouveau Code à à la disposition du Capitaine ne redresseront jamais.

L'esprit de ce Code suit tout à fait le courant et l'ambiance de notre époque. Cette tendance, tolérable peut-être dans les industries s'exerçant au dedans de nos frontières, présente des inconvénients plus sérieux à l'égard d'une industrie internationale, comme celle de la Marine marchande, qui ne peut lutter contre la concurrence que par l'attrait d'une discipline parfaite et d'un service impeccable.

Les sanctions prévues par le nouveau Code sont illusoires par rapport à celles de l'ancien décret. Pour que le nouveau Code ait donc quelque efficacité, il est nécessaire que le Parlement manifeste sa volonté expresse que les pénalités prévues, qui constituent un minimum, soient rigoureusement appliquées.

Le but des rédacteurs du nouveau texte a été de rétablir la discipline par des pénalités légères qu'on puisse appliquer en fait et qui aient, par conséquent, l'efficacité recherchée.

Encore faut-il ne pas aller trop loin dans cette voie et,

après avoir atténué considérablement les sanctions anté-
rieures, ne pas tolérer que les pénalités nouvelles puissent
être trop facilement écartées.

Ce rapport entendu, la Chambre en adopte les
conclusions et les convertit en délibération ; elle en
ordonne en outre l'impression et l'envoi aux Pouvoirs
publics.

Extrait certifié conforme :

<table>
<tr><td>Le Rapporteur,</td><td>Le Président,</td></tr>
<tr><td>Paul-Cyprien FABRE.</td><td>Hubert GIRAUD.</td></tr>
</table>

Marseille. — Imprimerie du *Sémaphore*, BARLATIER, rue Venture, 17-19.